AF197072

Auf Tuchfühlung
Gedichte zum Leben.

Große Geschichten
mit kleinen Gedichten

Erinnern, erkennen, verstehen
und träumen

Bodo Hinse

Auf Tuchfühlung

Vorwort

Die Welt ist gefüllt mit aufregenden Themen und an Inspiration herrscht kein Mangel. Also, warum schreibe ich ausgerechnet Lyrik?

Es macht Spaß! Die Form der Gedichte bietet mir die Möglichkeit von der Oberflächlichkeit des Alltags abzurücken und nach dem Ertragen des täglichen Informationschaos, zu entspannen. Die mit Bedacht gewählten Worte, lassen mich Situationen des Lebens in einer verdichteten Form wiedergeben, wobei Melodie und Rhythmus das Erkennen des Zusammenhanges beflügeln.

Weder die Verklärung einer heilen Welt, noch die rein emotionale Beschreibung meiner inneren Gefühlswelt, sind Ansporn für meine Gedichte, sondern eine sorgfältige, aber durchaus liebevolle Analyse der profanen Alltagswelt. Auch ohne „metaphysische Betrachtung" oder „spirituelle Hingabe" gelingt es mir, das Leben als Offenbarung wahrzunehmen und anzuerkennen.

Durch das Innehalten im standardisierten Denkprozess, wird Grundsätzliches deutlich und führt zu einer kurzen Rückkehr zu mir selbst.

Bodo Hinse
10.12.2016

Schrift

Wenn Dunkelheit dem Lichte weicht,
das Wort die leere Welt erreicht,
die Wörter sich zur Schrift verdichten
und Texte formen zu Geschichten.

Wenn Dunkelheit dem Lichte weicht,
die Einfalt einer Wüste gleicht,
wo Schrift, wie warmer Regen fällt,
kann Wissen wachsen in der Welt.

Wenn Dunkelheit dem Lichte weicht,
das Wissen nicht für alle reicht,
doch Unrecht lässt die Welt erbeben,
denn schreiben dürfen heisst: Zu leben!

Bodo Hinse, 2015

Wunsch

Er hält dich fest und scheint so nah,
als könntest du ihn zwingen,
doch macht sich die Erfüllung rar,
wird er Enttäuschung bringen.

Bodo Hinse, 2015

Abschied

Sag mir doch, wohin du gehst,
womit ich dich erreiche,
ist dir die Freundschaft nicht genug,
wird's nötig, dass ich weiche.

Für etwas, dass als Liebeslohn,
gemeinsam uns beglückte,
gewachsen ist in deinem Leib,
als Elternpaar uns schmückte.

Wenn auch die Zeit es nicht vermag,
Glück dauerhaft zu binden,
das neue Leben als Beweis,
wird immer von uns künden.

Bodo Hinse, 2016

Wahre Freundschaft

Wenn wahre Freundschaft sich bewährt,
die Not der Schmerzen lindert,
auch die Erinnerung nie verjährt
und uns an Selbstsucht hindert.

Bodo Hinse, 2016

Anfänge

Am Anfang war das Licht,
nur sehen wir es nicht,
was hell erstrahlt,
ist meist geprahlt,
damit wir übersehen,
den rechten Weg zu gehen.

Am Anfang war das Wort,
wir kennen es sofort,
doch nur zu zweit,
sind wir bereit,
den Schritt zu wagen,
uns es zu sagen.

Am Anfang war der Schmerz,
traf mitten in mein Herz,
doch nur die Zeit,
hat mich befreit,
um aufzustehen,
zum Weitergehen.

Bodo Hinse, 2016

Sterben bedeutet,
aus dem kurzen Traum des Lebens,
zu erwachen

Bodo Hinse, 2016

Erben

Aus der Traum dein Ende naht
und die Erben streiten,
ängstlich stehen sie parat,
haben Angst vor Pleiten.

Lange waren sie nicht zu sehen
und sind jetzt beklommen,
dass du einfach still wirst gehen,
und sie nichts bekommen.

Mit dem letzten Augenlicht,
wirst du sie erkennen,
schaust du ihnen ins Gesicht,
wird's gut sein, sich zu trennen.

Bodo Hinse, 2016

Vergangenheit

Es wird nie werden, wie es mal war,
ist ein Gesetz der Zeit,
doch jedem Mensch wird das nicht klar,
zum Wandel nicht bereit.

Bodo Hinse, 2015

Rückkehr

Einst genügte mir ein Zelt,
um die Welt zu sehen,
hatte auch zu wenig Geld,
in's Hotel zu gehen.

Reizvoll war der lange Trip,
mühsam über Stock und Stein,
nahmst du mich im Auto mit,
stieg ich dankbar bei dir ein.

So wurde unsere Freundschaft wahr,
ich konnte dich entflammen,
wir waren bald ein Ehepaar,
und wanderten zusammen.

Um die Welt, die teuerste Tour,
konnte ich bald dir bieten,
Traumschiff, Luxus statt Natur
und du warst zufrieden.

Doch nun, an meinem Jahrestag,
habe Dankbarkeit mir vorgestellt,
doch dein Geschenk scheint eher karg,
ist nur ein neues Doppelzelt.

Bodo Hinse, 2015

Abkürzung

Es scheint der Weg oft schwer und lang,
um ans Ziel zu kommen,
hat mancher am Gesetz vorbei,
die Abkürzung genommen.

Bodo Hinse, 2015

Frühlingserwachen

Ein allererster Sonnenstrahl,
hat Hoffnung im Gepäck,
befreit uns aus des Winters Qual,
von diesem kalten Schreck.

Noch sind die Tage trüb und klamm,
an Wärme nicht zu denken,
hört von den Vögeln kein Gesang,
den Frühlingsboten schenken.

Doch hat uns etwas hoffnungsvoll,
den Neubeginn versprochen,
ein Murmeltier, ganz liebestoll,
ist aus dem Bau gekrochen.

Bodo Hinse, 2016

Freundschaft

Wenn schöner Schein der Welt verblasst,
bis Not und Elend wüten,
sieht manche Freundschaft auch die Last
und will sich davor hüten.

Bodo Hinse, 2015

Brandung

Die Augen fest geschlossen,
liege schläfrig ich am Strand,
verwöhnt von heiser Sonne,
gebettet weich auf Sand.

Ich höre die wilde Brandung,
das ewig gleiche Lied,
erst grimmig und gar tosend,
um Ehrfurcht frech bemüht.

Dann senkt sich diese Stimme,
wird freundlich und fast still,
um wieder anzusetzen,
mit brausendem Gebrüll.

Im steten Takt der Brecher,
verliert sich Raum und Zeit,
bald schwingen die Gedanken,
in Weltvergessenheit.

Bodo Hinse, 2016

Erinnerung

Wir trafen uns nach langer Zeit,
und haben bald erkannt,
Erinnerung, wie es mal war,
hält Gegenwart nicht stand.

Bodo Hinse, 2015

Herbst

Modrig Rinde schwerer Duft,
dringt kühl in meine Brust,
neblig Schleier feuchter Luft,
atme tief mit aller Lust.

Geisterhaft fast wie im Traum,
bildet glitzernd sich der Tau,
legt sich über Ast und Baum,
malerisch im fahlen Grau.

Funkelnd zart im Winde wogen,
wie Juwelen präsentiert,
Spinnennetze fein gewoben
und mit Tropfen dekoriert.

Bald schon aber flieht der Zauber,
wenn die Kälte kommt mit Macht,
hab ich noch den Herbst genossen,
erfreut mich dann des Winters Pracht.

Bodo Hinse, 2016

Pech und Glück

Es ist nicht nur das Pech, dass klebt,
nein, auch das Glück kann dauern,
doch wird die Freude kaum erlebt,
wenn wir nur Pech betrauern.

Bodo Hinse 2017

Pflanzen

Fest verwachsen mit dem Boden,
bleibt das grüne Wesen stehen,
kann nicht flüchten, wenn wir roden,
hofft, dass wir vorübergehen.

Droht uns wehrhaft, zeigt sich dornig,
dass wir's nicht aus Leichtsinn brechen,
wenn wir's doch tun, wird es zornig
und uns in die Hände stechen.

Listig täuschen und betrügen,
ist die Art, um zu bestehen,
lässt mit unverschämten Lügen,
uns die falsche Absicht sehen.

Diese duftende Verheißung,
einer reichen Farbenpracht,
ist für die Insektenspeisung,
zur Vermehrung nur gedacht.

Reife Frucht soll uns verführen
und in unserem Magen weilen,
bis wir einen Drang verspüren,
um die Samen zu verteilen.

Staunen wir der Hinterlist,
wenn wir diese Pflanzen sehen,
zeigt es doch wie Leben ist,
im Streben nach dem Fortbestehen.

Bodo Hinse 2018

Ewigkeit

Nur dieser spürt die Ewigkeit,
der sich Geschwindigkeit erspart,
kennt nicht den engen Raum der Zeit,
lebt nur im Jetzt der der Gegenwart.

Bodo Hinse 2017

Albtraum

Endlich bist du dem entkommen,
was der Tag mit dir gemacht,
all der Stress scheint dir genommen,
wenigstens für diese Nacht.

Ein getaucht in tiefen Schlummer,
ziehen Bilder durch die Nacht,
verfolgen dich mit neuem Kummer
und ein Albtraum wird entfacht.

Atemnot in enger Brust,
rast das Herz mit Paukenschlag,
bis du schliesslich schreien musst,
eingesperrt im dunklen Sarg.

Endlos ist der große Schrecken,
stumm dein Schrei, den niemand hört,
Panik scheint dich aufzuwecken,
sitzt im Bett, total verstört.

Weiterschlafen wirst du kaum,
klopft dein Herz noch rasend schnell,
endet doch der schlimmste Traum,
wenn es draussen wieder hell.

Endlich bist du dem entkommen,
was die Nacht mit dir gemacht,
vorerst ist die Pein genommen,
die der täglich Stress gebracht.

Bodo Hinse 2017

Beständig

Auch wenn der ganze Mensch zerfällt,
wird immer etwas bleiben,
was er auch tat auf dieser Welt,
lässt sich nie ganz vertreiben.

Bodo Hinse, 2016

Neid

Wie ein Spürhund auf der Fährte,
sucht mancher sein vermeintlich Glück,
verirrt sich zwischen Wunschgedanken,
nur Ehrlichkeit lässt er zurück.

Im steten Kampf von Sein und Schein,
wird er sich so entscheiden,
dass seine Welt zum Trugbild wird,
bis andere ihn beneiden.

Doch wenn das Glück sich einmal wendet,
wird schnell mit Hohn und Spott,
sein eitler Höhenflug beendet
und führt ihn zum Bankrott.

Bodo Hinse, 2015

Sehnsucht

Hat uns erfasst und hüllt uns ein,
mit wonnigem Verlangen,
doch auch das Glück hat seine Pein,
sie kommt mit leisem bangen.

Bodo Hinse, 2016

Erwachen

Ein sanftes Sehnen nahm ich wahr,
so rätselhaft geheimnisvoll,
obwohl ich dich schon lange sah,
war plötzlich alles an dir toll.

Weil ich dich so noch niemals sah,
fast fremd, doch auch so schön,
verstand ich nicht, wie mir geschah,
verwirrte mich und wollte gehen.

Warst du es doch, die stundenlang,
gerannt mit mir zum Spiel,
auch die Gefahr dich nie bezwang,
gewinnen war dein Ziel.

Doch dein Gesicht verwandelt sich,
als ich dein Lächeln sah,
du legtest deinen Arm um mich,
und streicht mir übers Haar.

Der scheue Kuss, erst ungewohnt,
brach langsam meinen Bann,
hab deine Lippen nicht geschont
und wurde so zum Mann.

Bodo Hinse, 2017

Zeitgefühl

Hochgefühl verkürzt die Zeit,
auf wenige Sekunden,
dehnt sie jedoch bei Ängstlichkeit,
zu endlos langen Stunden.

Bodo Hinse, 2017

Leidenschaft

Als ich nun wieder zu dir kam,
täuschst du mir vor, dein Widerstand,
du windest dich aus meinem Arm,
bis ich die schamlos List erkannt.

Doch wollte ich dir nicht gewähren,
an mir Enttäuschung zu erkennen,
und dich mit Stolz auch zu belehren,
dass es mir leicht fällt, mich zu trennen.

Ich wand mich ab und trat zurück,
als wär's mir einerlei,
du folgtest mir mit schnellem Schritt
und legst erzürnt die Brüste frei.

Dann schlägst du zu und fauchst mich an,
mit Zorn in deinem Blicke,
ob ich denn nichts beenden kann,
und reist mein neues Hemd in Stücke.

Im Taumel unserer Leidenschaft,
ging manches Kleidungsstück entzwei,
vereinten uns mit aller Kraft,
nur Skrupel waren nicht dabei.

Bodo Hinse, 2016

Irrtum

Immer wenn der Schaumwein
fliesst, und der Mensch sich freut,
er so manche Freundschaft schliesst,
die er bald bereut.

Bodo Hinse, 2016

Späte Reue

Was war es nur, dass mich bewog,
auf Treue zu verzichten,
nie wollte ich ein Lügner sein,
in Ehrlichkeit berichten.

Doch trag ich schwer an meiner Schuld
und kann es nicht vergessen,
wie du im letzten Atemzug,
mein Wissen hast besessen.

So schwieg ich all die Jahre lang,
wollt Wahrheit nicht bemühen,
bis du im Sterben mir gesagt,
dass du mir längst verziehen.

Nun steh ich da und bin allein,
zum Leben nicht bereit,
Erinnerung, die mir nur bleibt,
beschämt für alle Zeit.

Bodo Hinse, 2016

Verlust

Was macht Erfahrung für einen Sinn,
die man so schwer gewonnen,
wenn durch den schnellen Lustgewinn,
alles Glück zerronnen.

Bodo Hinse, 2016

Augenblicke

Ich trag im Herzen dieses Bild,
von Blicken, die mich fangen,
ihr zartes Antlitz schaute mild,
vor Sehnsucht ganz verhangen.

Fast endlos schien der scheue Blick,
der mich so tief durchdrang,
und staunend gab ich ihn zurück,
nur einen Herzschlag lang.

So flüchtig auch der Zeitraum war,
der mystisch uns verband,
doch hat sich dieses Augenpaar,
in mein Gemüt gebrannt.

Wenn ich nicht ganz verstehen mag,
was damals ist geschehen,
so hab ich wohl an diesem Tag,
den Augenblick gesehen.

Bodo Hinse, 2015

Schönheit

Ein Sonnenstrahl ihr Antlitz fand,
mit Anmut zart gebaut,
malt ihr Portrait mit Meisterhand,
als wollte er, dass man es schaut.

Bodo Hinse, 2015

Fragen

Was gibt dem Leben einen Sinn,
ist ständige unsere Frage,
sind wir doch immer mittendrin,
erscheint es uns als Plage.

Doch wer von außen sieht die Welt,
dem Zweifel nicht entstehen,
denn was uns falsche Fragen stellt,
verfälscht auch unser Sehen.

Und hat er alles klar erkannt,
kann manches Ding erhellen,
Aufrichtigkeit ihn übermannt,
will echte Fragen stellen.

Erkenntnis nur, erfreut uns nicht,
ist ihm auch klar geworden,
die Wahrheit führt so streng Gericht,
bleibt besser uns verborgen.

Bodo Hinse, 2016

Gedanken

Sie treiben schwerefrei im Raum,
wie Zweige, die sich ranken
und wachsen fort zu einem Baum,
aus mächtigen Gedanken.

Bodo Hinse, 2016

Ignoranz

Wie können wir das Elend sehen,
wo können wir die Not verspüren,
man muss nicht in die Ferne gehen,
sie liegt direkt vor unseren Türen.

Es ist der leere Blick des Alten,
der schamhaft sich verbergen will,
um seine Würde zu behalten,
wenn er nach Nahrung sucht im Müll.

Die Frau mit leidvollem Gesicht,
denn sie muss ihren Körper geben,
weil nur die Droge ihr verspricht,
die Illusion vom besseren Leben.

Verloren ist das arme Kind,
das fast nichts hat, um mitzuhalten,
weil nur die Kaufkraft es bestimmt,
wer sich persönlich kann entfalten.

Wir sehen die sterbende Natur,
die Kämpfe um den letzten Rest,
die Häme der Profit Kultur,
die Widerspruch nicht gelten lässt.

So wird verdrängt um nicht zu lernen,
die Ignoranz wird weitergehen,
will Privilegien nicht entfernen,
den Irrweg sich nicht eingestehen.

Die letzten Rätsel bleiben offen,
ob blutig Aufstand uns beschert ?
Wenn auch nur Träume, bleibt zu hoffen,
dass statt der Gier, Vernunft einkehrt.

Bodo Hinse 2017

Verloren

Wenn du dich suchst im Nirgendwo,
und in dir selbst nicht Heimat bist,
wirst du mit Menschen niemals froh
und auch von keinem je vermisst.

Bodo Hinse 2017

Sterne

Oftmals schau ich in den Himmel,
kann sie des nachts dann leuchten sehen,
so steigt mein Geist im Lichtgetümmel,
bis auf ungeahnte Höhen.

Fliege ich durch den Raum der Sterne,
macht sich Demut in mir breit,
denn ich schau nicht nur die Ferne,
schau zurück auch in der Zeit.

Weil wir aus dem Staub der Sonnen,
deren Kinder wir auch sind,
werden einst zurückgenommen,
wenn der Zyklus neu beginnt.

Was uns bleibt in diesem Leben,
nicht nur Schönheit anzusehen,
sondern auch danach zu streben,
dieses Schauspiel zu verstehen.

Bodo Hinse, 2016

Zukunft

wenn wir noch heute sorgenvoll,
die Zukunft vorbereiten,
kann morgen schon ein neuer Weg,
in bessere Zeiten leiten.

Bodo Hinse, 2016

Kosmos

Wohl geordnet wirken Kräfte,
auf der Bühne dieser Welt,
doch im Kleinsten der Geschäfte,
Zufall nur die Regeln stellt.

Wechselwirkung zwischen Quanten,
lässt die Wirklichkeit entstehen,
ist dem Schauen zu verdanken,
dass wir Licht der Sterne sehen.

Doch wie können wir verstehen,
dass die Schöpfung nicht bestand,
liegt nicht dann das Menschgeschehen,
folgenschwer in unserer Hand?

So wollen wir ein Weltbild gründen,
wie es lehrt die Wissenschaft,
nicht Instanzen zu erfinden,
verantwortlich aus eigener Kraft.

Bodo Hinse, 2016

Zeit

Es scheint, die Zeit bleibt niemals stehen,
doch sollten wir erkennen,
hat mehr zu tun als nur vergehen,
muss Grund und Wirkung trennen.

Bodo Hinse 2018

Der Philosoph

Einst erklärte er die Welt,
beschrieb verständlich die Natur,
die Gründe für das Himmelszelt,
und war der Vater der Kultur.

Da Wissen immer grösser wird,
sein Mythos muss verblassen,
der Mensch den Überblick verliert,
das Weltbild zu erfassen.

Die Wissenschaft hat uns gezeigt,
dass die Gefühle blenden,
so sind wir leicht dazu geneigt,
an Täuschung uns zu wenden.

Wenn wir die Wirklichkeit nicht glauben,
kann er die Lücke füllen,
uns Emotionen zu erlauben,
den Wunsch nach Antwort stillen.

So kann mit Klugheit ihm gelingen,
den Menschen Freude geben,
Wahrhaftigkeit im Denken bringen,
im Gleichklang mit dem Leben.

Bodo Hinse 2017

Frieden

Frieden ist ein wertvoll Gut,
gesichert nur mit viel Bedacht,
entzündet sich der Menschen Wut,
entsteht ein Krieg auch auf Verdacht.

Bodo Hinse, 2016

Wissenschaft

Was wir wissen, ist ein Tropfen,
sagte einstmals Newton klug,
was wir jemals wissen können,
ist dem Ozean nicht genug.

Erkenntnis folgt nur den Gefühlen,
sagte Kant in der Kritik,
beschrieb Vernunft als Illusion,
und der Menschen falscher Blick.

Schwerkraft ändert Raum und Zeit,
hatte Einstein früh erkannt,
hat in seiner Theorie,
sie als relativ benannt.

Die Welt besteht aus kleinsten Stücken,
die man Nukleonen nennt,
hat Max Planck die kleinen Teile,
noch in Quanten aufgetrennt.

Nur der Mensch ist unergründlich!
Hätte Newton einst geahnt,
dass aus Tropfen Tränen würden,
er die Welt davor gewarnt.

Bodo Hinse, 2016

Harmonie

Wenn gänzlich Gleichklang in der Welt,
kein Zweifel und kein Zwang,
der Grund zur Änderung entfällt,
wir lebten nicht mehr lang.

Bodo Hinse 2017

Neue Medien

Plötzlich ändern sich die Zeiten,
müssen uns um Wahrheit streiten,
weil sich Technik ungehemmt,
der Urteilskraft entgegenstemmt.

Kam es früher uns gelegen,
vieler Meinung Raum zu geben,
um ein Weltbild zu erfassen,
das nicht folgt dem Schrei der Massen.

Konnten zwischen Zeilen lesen,
um zu wissen was gewesen,
bringt uns jetzt das schnelle Wort,
von der Wahrheitsfindung fort.

Wer ein Buch von hinten liest,
sich den Inhalten verschließt,
den Zusammenhang verdrängt,
dessen Urteil ist beschränkt.

Haben so was nicht bedacht,
Technik in die Welt gebracht,
die die Wirklichkeit entstellt,
dachten nur an noch mehr Geld.

Doch wir können Technik nutzen,
unsere Tränen ab zu putzen,
und die Tropfen der Erkenntnis,
sammeln für das Menschverständnis.

Bodo Hinse, 2016

Über den Autor:

Bodo Hinse wurde 1952 in Deutschland, Frankfurt/Main geboren, absolvierte dort seine Schulausbildung und studierte Architektur. Später wechselte er in die IT-Branche und war mehrere Jahre als selbständiger Unternehmensberater tätig.

2015 beendete er seine beruflich aktive Zeit und kann heute seine Neigung zu Naturwissenschaft, Literatur und Philosophie ausleben. Neben diesem Gedichtband ist bereits ein Kriminalroman, *Das Loreley-Syndrom,* erschienen.

Zeitfracht Medien GmbH
Ferdinand-Jühlke-Straße 7
99095 Erfurt, Deutschland
produktsicherheit@kolibri360.de